Impressum
Verlag: BABADADA GmbH, Nedderfeld 112 , 22529 Hamburg
Geschäftsführer / Verlagsleitung: Harald Hof
Druck: Books on Demand GmbH, In de Tarpen 42, 22848 Norderstedt

Imprint
Publisher: BABADADA GmbH, Nedderfeld 112 , 22529 Hamburg, Germany
Managing Director / Publishing direction: Harald Hof
Print: Books on Demand GmbH, In de Tarpen 42, 22848 Norderstedt

école

skóli

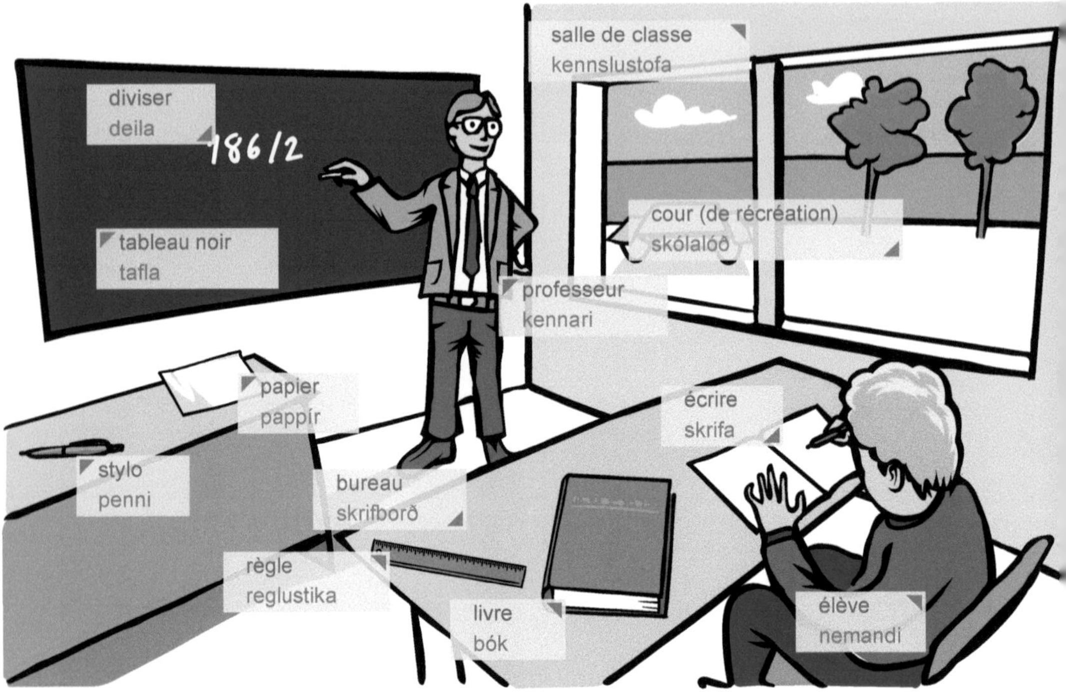
salle de classe
kennslustofa
diviser
deila
186/2
tableau noir
tafla
cour (de récréation)
skólalóð
professeur
kennari
papier
pappír
écrire
skrifa
stylo
penni
bureau
skrifborð
règle
reglustika
livre
bók
élève
nemandi

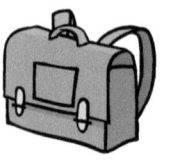

cartable

skólataska

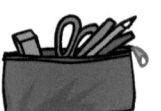

trousse

pennaveski

crayon

blýantur

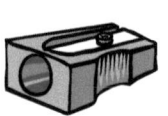

taille-crayon

yddari

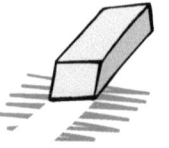

gomme

strokleður

carnet à dessin

teikniblað

dessin

teikning

pinceau

pensill

boîte de peinture

litakassi

ciseaux

skæri

colle

lím

cahier d'exercices

æfingabók

devoirs

heimavinna

chiffre

númer

additionner

leggja saman

soustraire

draga frá

multiplier

margfalda

calculer

reikna

lettre

bréf

alphabet

stafróf

mot

orð

texte
texti

lire
lesa

craie
krít

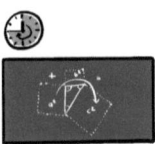

leçon
kennslustund

livre de classe
kladdi

examen
próf

certificat
vottorð

uniforme scolaire
skólabúningur

formation
menntun

lexique
alfræðirit

université
háskóli

microscope
smásjá

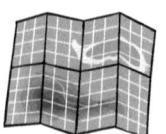

carte
kort

corbeille à papier
ruslakarfa

voyage
ferðalög

hôtel
hótel
Grand
auberge
farfuglaheimili
bureau de change
gjaldeyrisskipti
valise
ferðataska
voiture
bíll

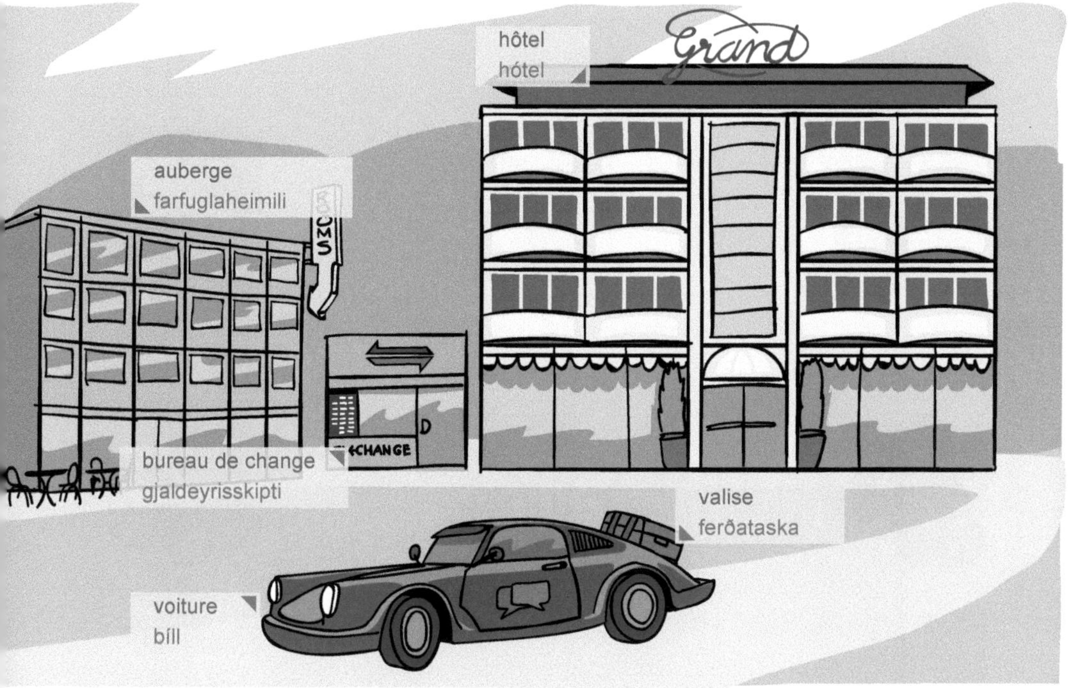

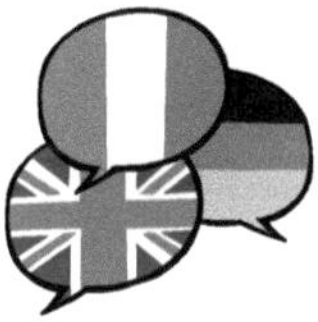

langue

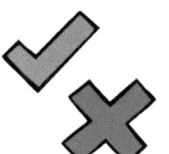

tungumál

oui / non

já / nei

d'accord

allt í lagi

Salut

halló

interprète

þýðandi

merci

takk fyrir

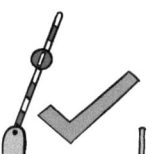

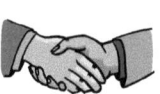

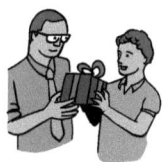

Combien coûte...?

hvað kostar...?

Je ne comprends pas

Ég skil ekki

problème

vandamál

Bonsoir !

Gott kvöld!

Bonjour !

Góðan dag!

Bonne nuit !

Góða nótt!

Au revoir

bless bless

direction

átt

bagages

farangur

sac

taska

sac-à-dos

bakpoki

hôte

gestur

pièce

herbergi

sac de couchage

svefnpoki

tente

tjald

office de tourisme

upplýsingamiðstöð

plage

strönd

carte de crédit

kreditkort

petit-déjeuner

morgunverður

déjeuner

hádegisverður

dîner

kvöldmatur

billet

farmiði

ascenseur

lyfta

timbre

frímerki

frontière

landamæri

douane

tollur

ambassade

sendiráð

visa

vegabréfsáritun

passeport

vegabréf

transport
samgöngur

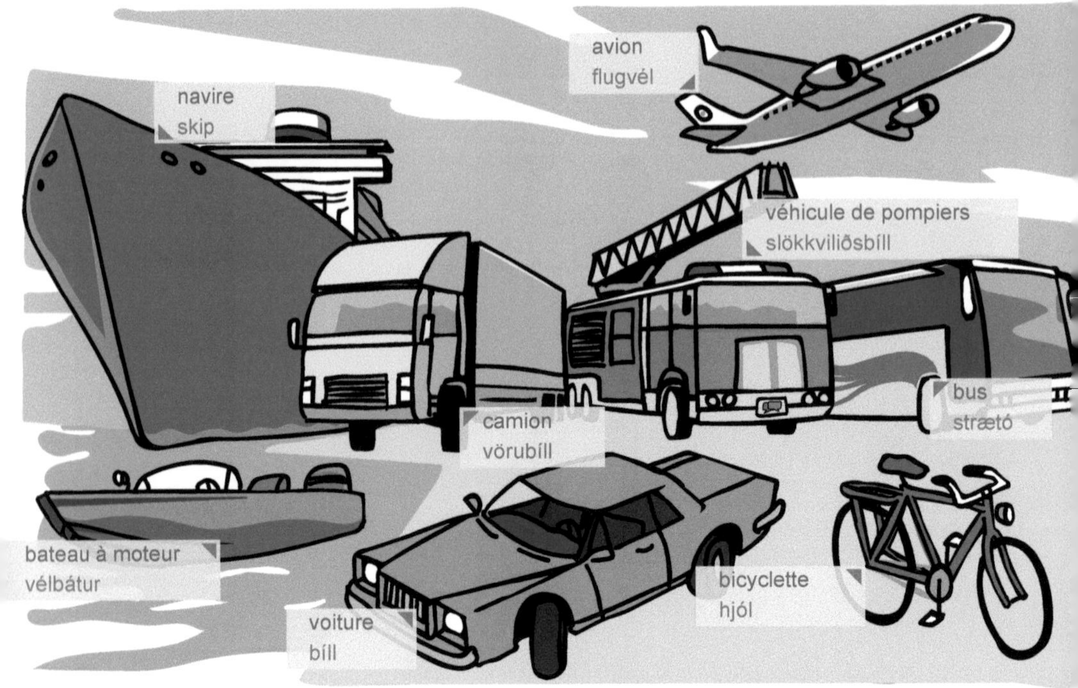

avion
flugvél
navire
skip
véhicule de pompiers
slökkviliðsbíll
bus
strætó
camion
vörubíll
bateau à moteur
vélbátur
bicyclette
hjól
voiture
bíll

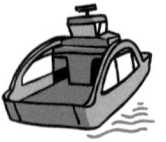

ferry

ferja

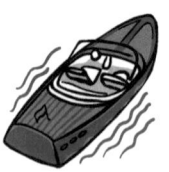

barque

bátur

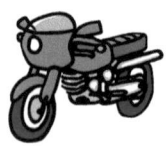

moto

mótorhjól

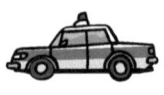

voiture de police

lögreglubíll

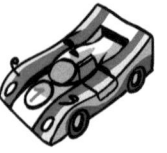

voiture de course

kappakstursbíll

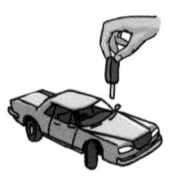

voiture de location

bílaleigubíll

auto-partage

bílasamneyti

voiture de remorquage

dráttarbíll

benne à ordures

öskubíll

moteur

vél

essence

eldsneyti

station d'essence

bensínstöð

panneau indicateur

umferðarskilti

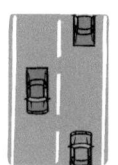

trafic

umferð

embouteillage

umferðarteppa

parking

bílastæði

gare

lestarstöð

rails

járnbrautarteinar

train

lest

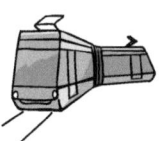

tramway

sporvagn

wagon

vagn

hélicoptère
þyrla

aéroport
flugvöllur

tour
turn

passager
farþegi

conteneur
gámur

carton
pappakassi

chariot
kerra

corbeille
karfa

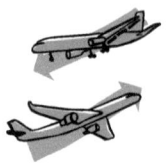

décoller / atterrir
takast á loft / lenda

ville

borg

village
þorp

centre-ville
miðbær

maison
hús

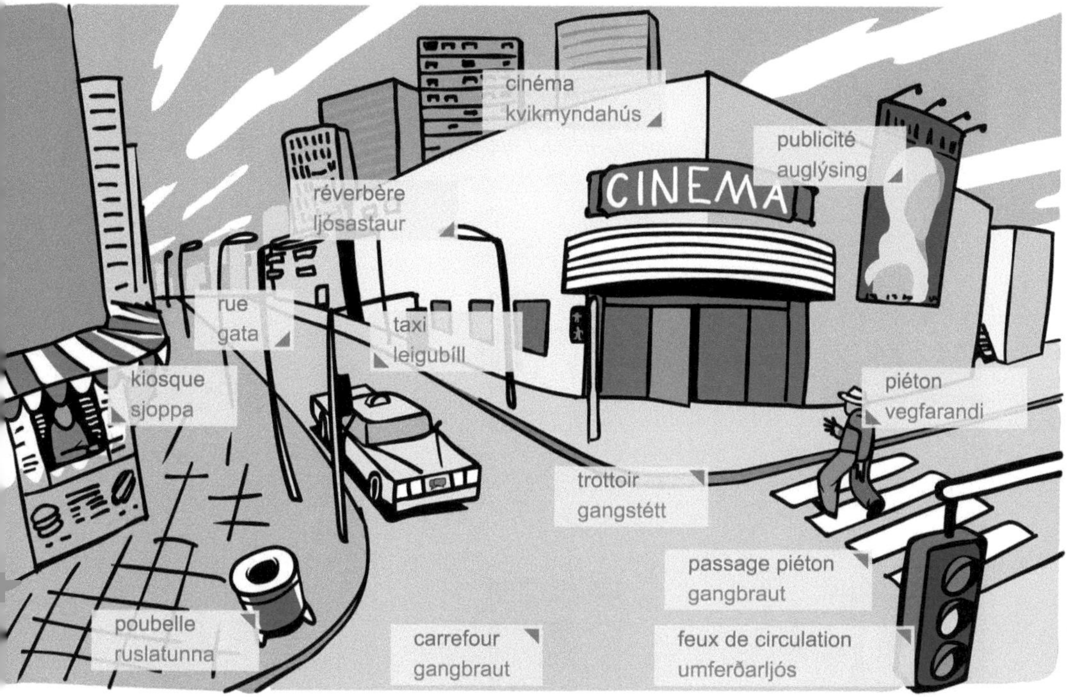

cinéma
kvikmyndahús

publicité
auglýsing

réverbère
ljósastaur

CINEMA

rue
gata

taxi
leigubíll

kiosque
sjoppa

piéton
vegfarandi

trottoir
gangstétt

passage piéton
gangbraut

poubelle
ruslatunna

carrefour
gangbraut

feux de circulation
umferðarljós

cabane
skáli

appartement
íbúð

gare
lestarstöð

mairie
ráðhús

musée
safn

école
skóli

université

háskóli

banque

banki

hôpital

sjúkrahús

hôtel

hótel

pharmacie

apótek

bureau

skrifstofa

librairie

bókabúð

magasin

búð

fleuriste

blómabúð

supermarché

kjörbúð

marché

markaður

grand magasin

stórmarkaður

poissonnerie

fiskbúð

centre commercial

verslunarmiðstöð

port

höfn

parc

almenningsgarður

banque

bekkur

pont

brú

escaliers

stigi

métro

neðanjarðarlest

tunnel

göng

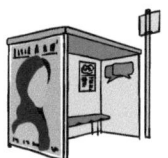

arrêt de bus

biðstöð

bar

bar

restaurant

veitingastaður

boîte à lettres

póstkassi

panneau indicateur

götuskilti

parcmètre

stöðumælir

zoo

dýragarður

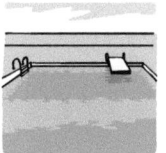

piscine

sundlaug

mosquée

moska

ferme

bær

pollution

mengun

cimetière

kirkjugarður

église

kirkja

aire de jeux

leiksvæði

temple

musteri

paysage
landslag

feuille
laufblað

panneau indicateur
leiðarvísir

chemin
leið

pré
engi

pierre
steinn

arbre
tré

randonneur
göngufólk

rivière
á

herbe
gras

fleur
blóm

vallée
dalur

montagne
hæð

lac
stöðuvatn

forêt
skógur

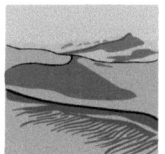

désert
eyðimörk

volcan
eldfjall

château
kastali

arc-en-ciel
regnbogi

champignon
sveppur

palmier
pálmatré

moustique
moskítófluga

mouche
fluga

fourmis
maur

abeille
býfluga

araignée
kónguló

coléoptère

bjalla

grenouille

froskur

écureuil

íkorni

hérisson

broddgöltur

lièvre

héri

chouette

ugla

oiseau

fugl

cygne

svanur

sanglier

villisvín

cerf

dádýr

élan

elgur

barrage

stífla

éolienne

vindmylla

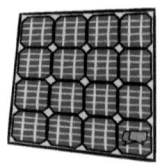

panneau solaire

sólarrafhlaða

climat

loftslag

restaurant
veitingastaður

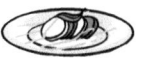

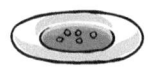

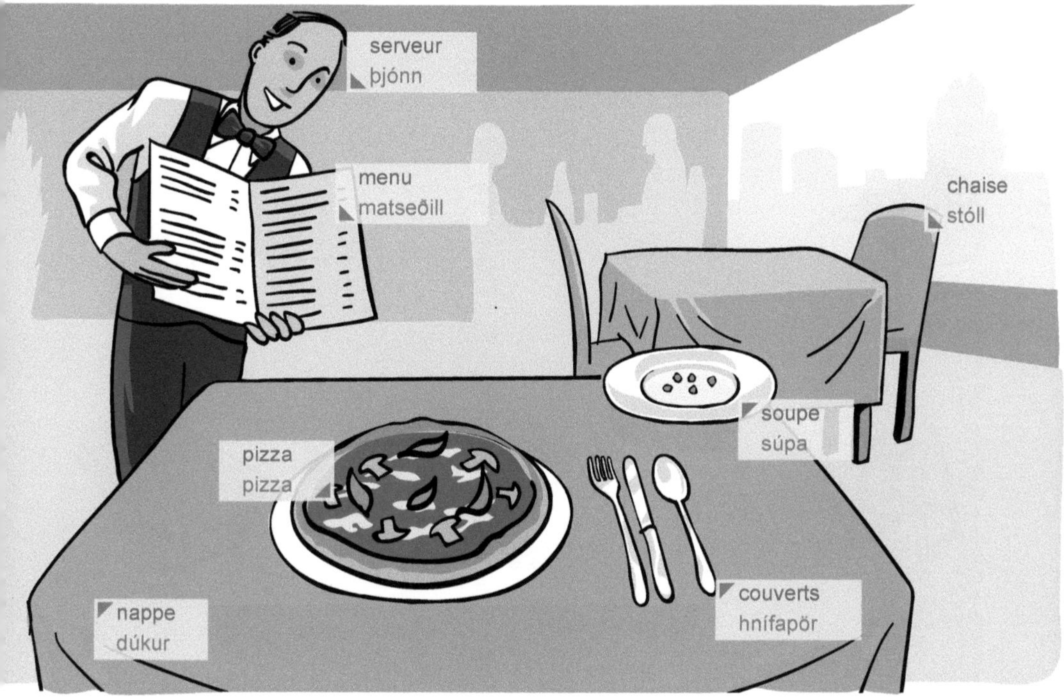
serveur
þjónn
menu
matseðill
chaise
stóll
soupe
súpa
pizza
pizza
couverts
hnífapör
nappe
dúkur

hors d'œuvre

forréttur

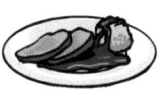

plat principal

aðalréttur

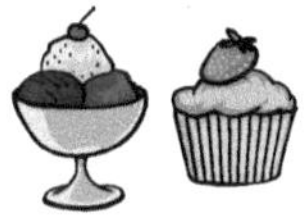

dessert

eftirréttur

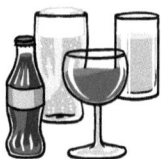

boissons

drykkir

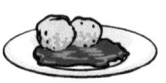

alimentation

matur

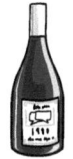

bouteille

flaska

fast-food

skyndibiti

plats à emporter

götumatur

théière

teketill

sucrier

sykurskál

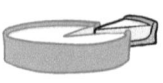

portion

skammtur

machine à expresso

espressovél

chaise haute

barnastóll

facture

reikningur

plateau

bakki

couteau

hnífur

fourchette

gaffall

cuillère

skeið

cuillère à thé

teskeið

serviette

servíetta

verre

glas

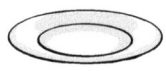

assiette

diskur

assiette à soupe

súpudiskur

soucoupe

undirskál

sauce

sósa

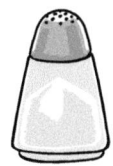

salière

saltstaukur

moulin à poivre

piparkvörn

vinaigre

edik

huile

olía

épices

krydd

ketchup

tómatsósa

moutarde

sinnep

mayonnaise

majónes

supermarché
kjörbúð

offre promotionnelle
tilboð
FOR
client
viðskiptavinur
produits laitiers
mjólkurvörur
fruits
ávöxtur
chariot
búðarkerra

BUTCHERS

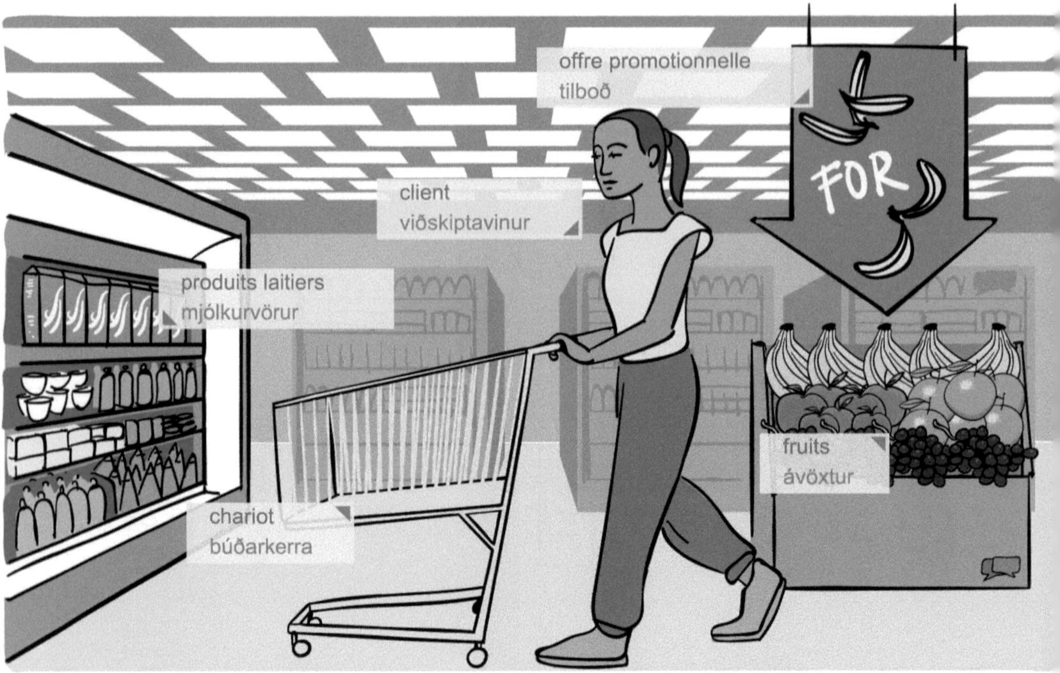

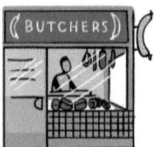

boucherie

slátrari

BAKERY

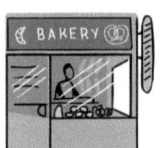

boulangerie

bakarí

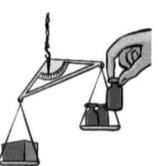

peser

vega

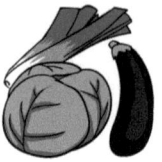

légumes

grænmeti

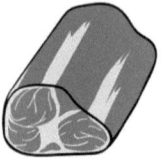

viande

kjöt

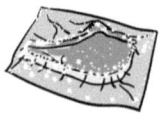

aliments surgelés

frosinn matur

charcuterie

kjötálegg

conserves

niðursoðinn matur

poudre à lessive

þvottaefni

bonbons

sælgæti

articles ménagers

vörur til heimilisnota

détergents

hreinsiefni

vendeuse

afgreiðslukona

caisse

afgreiðslukassi

caissier

gjaldkeri

liste d'achats

innkaupalisti

heures d'ouverture

opnunartímar

portefeuille

veski

carte de crédit

kreditkort

sac

poki

sac en plastique

plastpoki

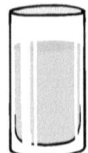

eau

vatn

jus de fruit

safi

lait

mjólk

coca

kók

vin

vín

bière

bjór

alcool

áfengi

chocolat chaud

kakó

thé

te

café

kaffi

expresso

espresso

cappuccino

kaffi

banane

banani

pomme

epli

orange

appelsínugulur

melon

melóna

citron

sítróna

carotte

gulrót

ail

hvítlaukur

bambou

bambus

oignon

laukur

champignon

sveppir

noisettes

hnetur

pâtes

núðlur

spaghetti

spagettí

riz

hrísgrjón

salade

salat

pommes frites

franskar kartöflur

pommes de terre rôties

steiktar kartöflur

pizza

pizza

hamburger

hamborgari

sandwich

samloka

escalope

snitsel

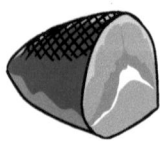

jambon

skinka

salami

salami

saucisse

pylsa

poulet

kjúklingur

rôti

steik

poisson

fiskur

flocons d'avoine

haframjöl

muesli

músli

cornflakes

kornflögur

farine

hveiti

croissant

franskt horn

petits-pains

smábrauð

pain

brauð

pain grillé

ristað brauð

biscuits

kex

beurre

smjör

le fromage blanc

ystingur

gâteau

kaka

œuf

egg

œuf au plat

spælt egg

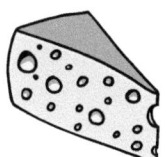

fromage

ostur

glace

ís

sucre

sykur

miel

hunang

confiture

sulta

crème nougat

súkkulaðiálegg

curry

karrý

ferme
bær

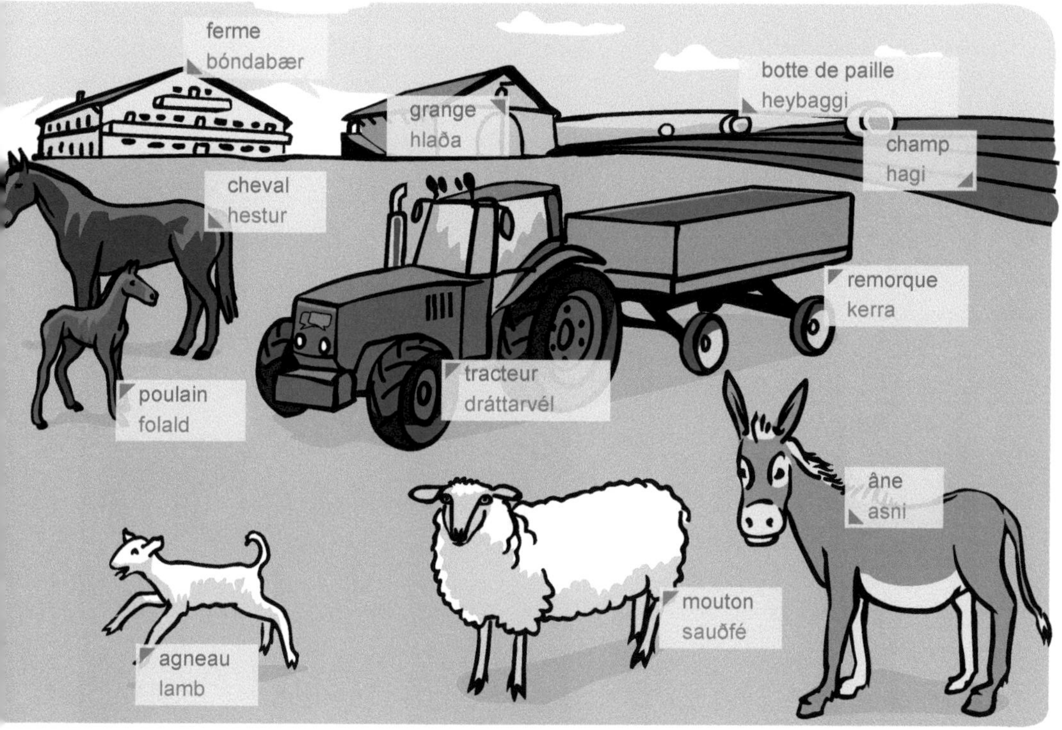

ferme
bóndabær
botte de paille
heybaggi
grange
hlaða
champ
hagi
cheval
hestur
remorque
kerra
tracteur
dráttarvél
poulain
folald
âne
asni
mouton
sauðfé
agneau
lamb

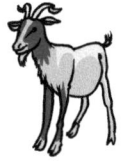

chèvre

geit

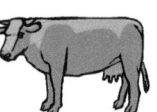

vache

kýr

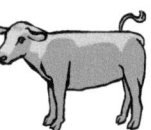

veau

kálfur

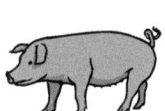

porc

svín

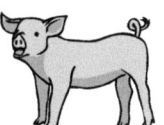

porcelet

grís

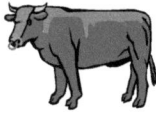

taureau

naut

oie

gæs

canard

önd

poussin

ungi

poule

hæna

coq

hani

rat

rotta

chat

köttur

souris

mús

bœuf

uxi

chien

hundur

chenil

hundakofi

tuyau de jardin

garðslanga

arrosoir

garðkanna

faucheuse

ljár

charrue

plógur

faucille

sigð

pioche

hlújárn

fourche

heygaffall

hache

öxi

brouette

hjólbörur

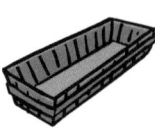

cuve

trog

pot à lait

mjólkurfata

sac

poki

clôture

girðing

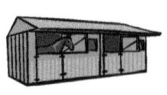

étable

gripahús

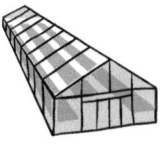

serre

gróðurhús

sol

jarðvegur

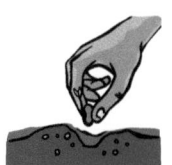

semences

fræ

engrais

áburður

moissonneuse-batteuse

kornskurðarvél

récolter

uppskera

récolte

uppskera

igname

kínverskar kartöflur

blé

hveiti

soja

soja

pomme de terre

kartafla

maïs

maís

colza

repja

arbre fruitier

ávaxtatré

manioc

maníókarót

céréales

korn

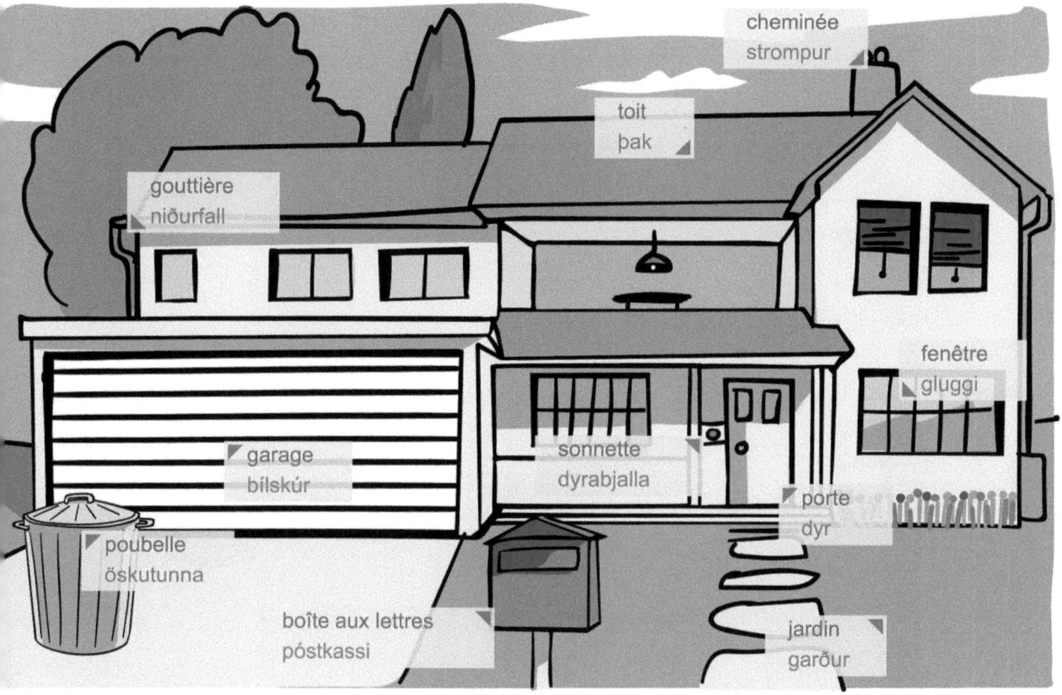

cheminée
strompur

toit
þak

gouttière
niðurfall

fenêtre
gluggi

garage
bílskúr

sonnette
dyrabjalla

porte
dyr

poubelle
öskutunna

boîte aux lettres
póstkassi

jardin
garður

salon

stofa

salle de bain

baðherbergi

cuisine

eldhús

chambre à coucher

svefnherbergi

chambre d'enfant

barnaherbergi

salle à manger

borðstofa

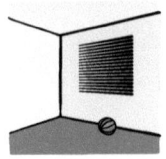

sol
....
gólf

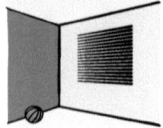

mur
....
veggur

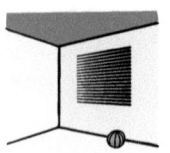

plafond
....
loft

cave
....
kjallari

sauna
....
gufubað

balcon
....
svalir

terrasse
....
verönd

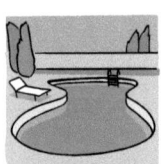

piscine
....
sundlaug

tondeuse à gazon
....
sláttuvél

housse
....
lak

couette
....
rúmteppi

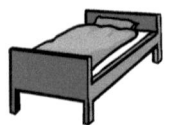

lit
....
rúm

balai
....
kústur

sceau
....
fata

interrupteur
....
rofi

salon
stofa

papier peint
veggfóður
image
ljósmynd
lampe
lampi
étagère
hilla
armoire
skápur
télé
sjónvarp
cheminée
arinn
fleur
blóm
coussin
púði
sofa
sófi
vase
vasi
télécommande
fjarstýring

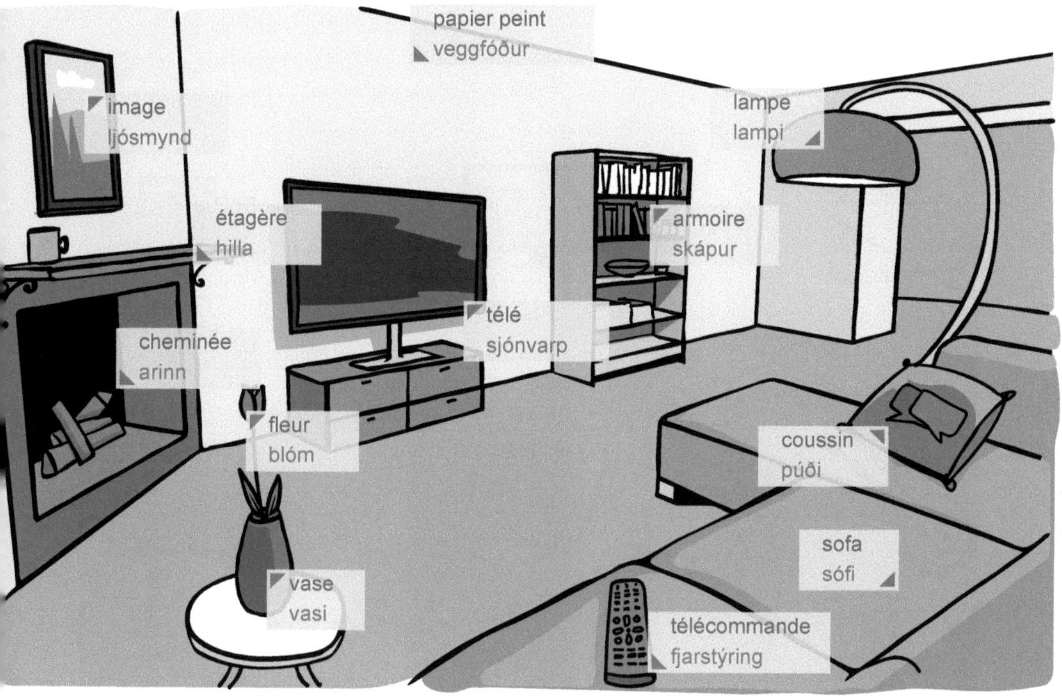

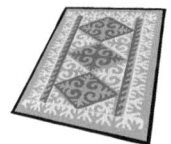

tapis
teppi

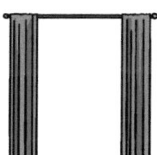

rideau
gardínur

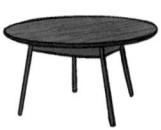

table
borð

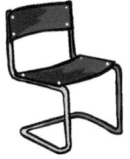

chaise
stóll

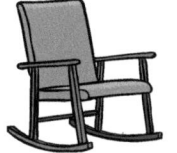

chaise à bascule
ruggustóll

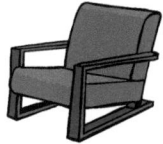

fauteuil
hægindastóll

livre

bók

couverture

sæng

décoration

skraut

bois de chauffage

eldiviður

film

mynd

chaîne hi-fi

hljómflutningstæki

clé

lykill

journal

dagblað

peinture

málverk

poster

veggspjald

radio

útvarp

bloc-notes

minnisbók

aspirateur

ryksuga

cactus

kaktus

bougie

kerti

cuisine
eldhús

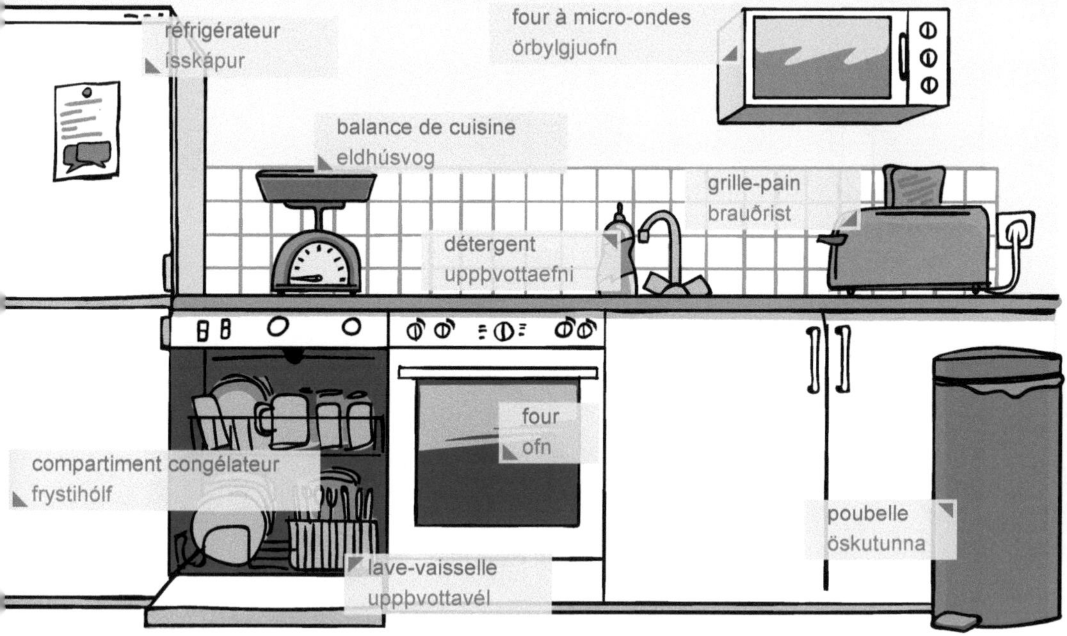

réfrigérateur
ísskápur
four à micro-ondes
örbylgjuofn
balance de cuisine
eldhúsvog
grille-pain
brauðrist
détergent
uppþvottaefni
four
ofn
compartiment congélateur
frystihólf
poubelle
öskutunna
lave-vaisselle
uppþvottavél

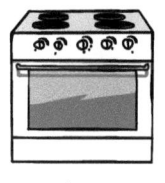

four

eldavél

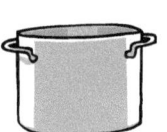

casserole

pottur

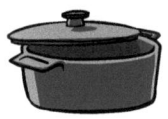

marmite

steypujárnspottur

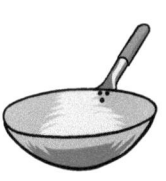

wok / kadai

wok/kadai

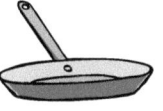

poêle

panna

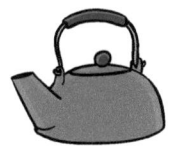

bouilloire electrique

ketill

cuiseur vapeur

gufukarfa

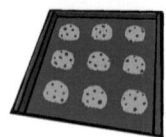

plaque de cuisson

ofnform

vaisselle

leirtau

gobelet

mál

coupe

skál

baguettes

prjónar

louche

ausa

spatule

spaði

fouet

pískur

passoire

sigti

tamis

málmsigti

râpe

rifjárn

mortier

mortél

barbecue

grill

cheminée

opinn eldur

planche à découper

skurðarbretti

rouleau à pâtisserie

kökukefli

tire-bouchon

tappatogari

boîte

dós

ouvre-boîte

dósaopnari

maniques

pottaleppur

lavabo

vaskur

brosse

bursti

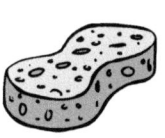

éponge

svampur

mixeur

blandari

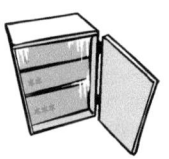

congélateur

frystir

biberon

peli

robinet

blöndunartæki

salle de bain
baðherbergi

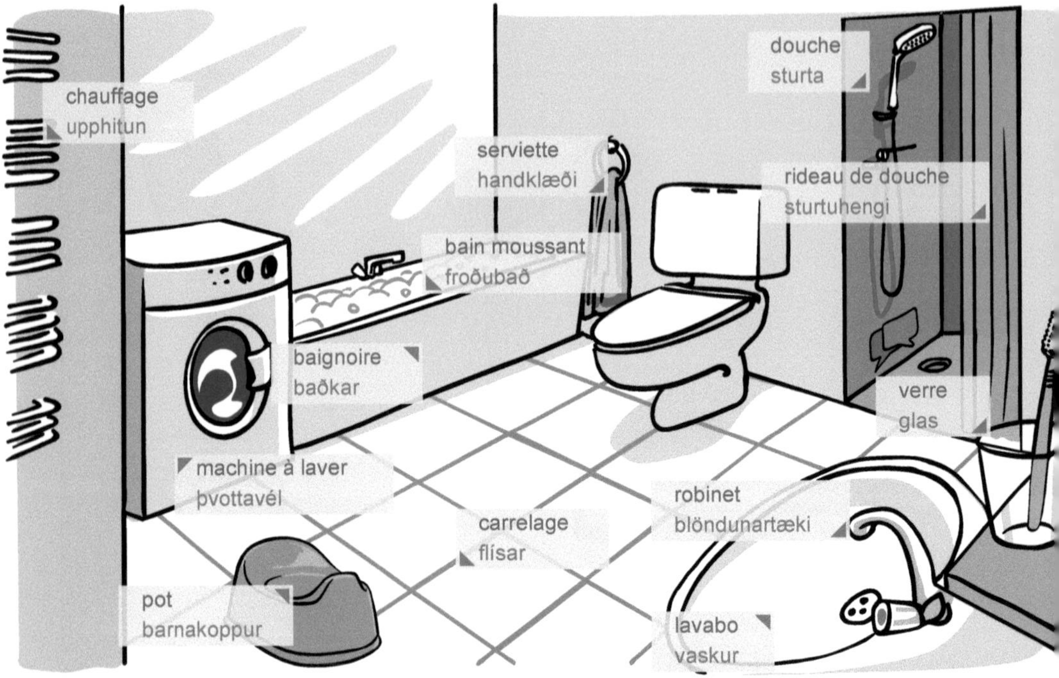

chauffage
upphitun
serviette
handklæði
douche
sturta
rideau de douche
sturtuhengi
bain moussant
froðubað
baignoire
baðkar
verre
glas
machine à laver
þvottavél
robinet
blöndunartæki
carrelage
flísar
pot
barnakoppur
lavabo
vaskur

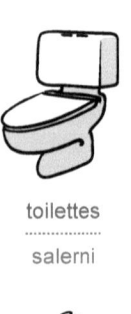

toilettes

salerni

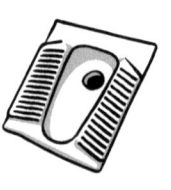

toilette à la turque

salerni án setu

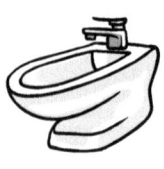

bidet

skolskál

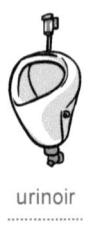

urinoir

þvagskál

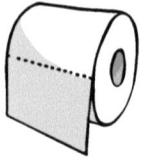

papier toilette

salernispappír

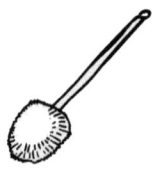

brosse à toilette

salernisbursti

brosse à dents

tannbursti

dentifrice

tannkrem

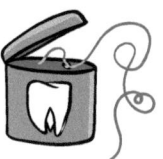

fil dentaire

tannþráður

laver

þvo

douche manuelle

handsturta

douche intime

salernissturta

vasque

vaskur

brosse dorsale

bakbursti

savon

sápa

gel douche

sturtugel

shampooing

sjampó

gant de toilette

flannel

écoulement

niðurfall

crème

krem

déodorant

svitalyktareyðir

miroir
spegill

miroir cosmétique
handspegill

rasoir
rakskafa

mousse à raser
raksápa

après-rasage
rakspíri

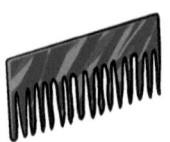

peigne
greiða

brosse
bursti

sèche-cheveux
hárþurrka

laque pour cheveux
hársprey

fond de teint
farði

rouge à lèvres
varalitur

vernis à ongles
naglalakk

ouate
bómull

coupe-ongles
naglaklippur

parfum
ilmvatn

trousse de toilette
þvottapoki

tabouret
kollur

pèse-personne
vog

peignoir
sloppur

gants de nettoyage
gúmmíhanskar

tampon
tíðatappi

serviettes hygiéniques
dömubindi

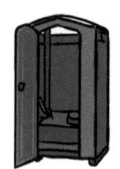

toilette chimique
efnasalerni

chambre d'enfant
barnaherbergi

réveil
vekjaraklukka
doudou
mjúkt leikfang
voiture jouet
leikfangabíll
hochet
hrista
maison de poupée
dúkkuhús
cadeau
gjöf

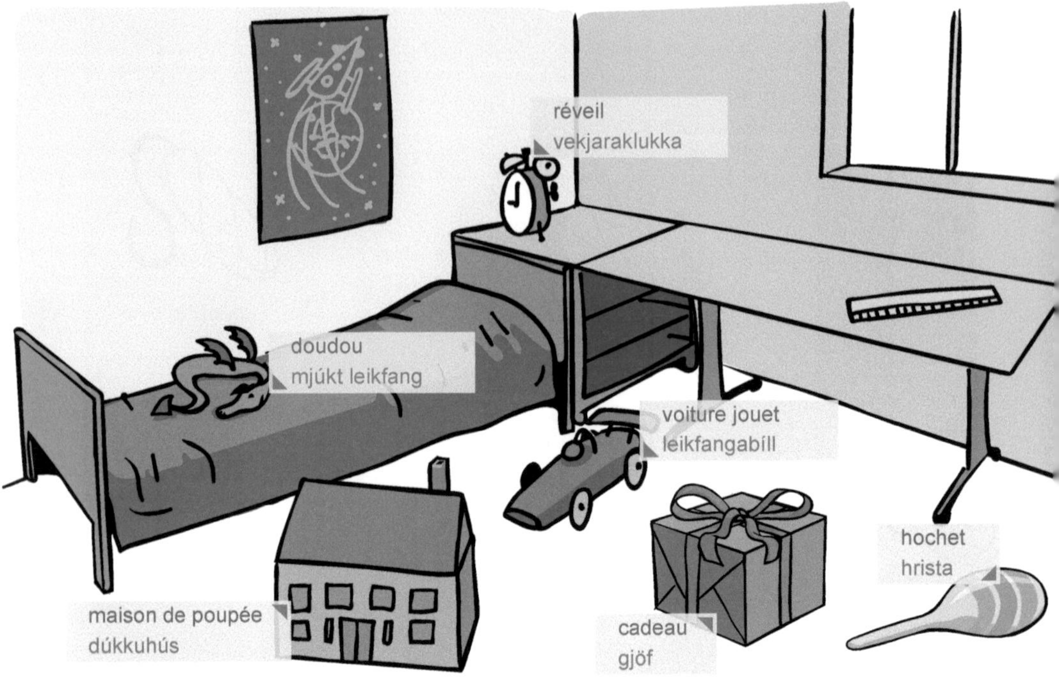

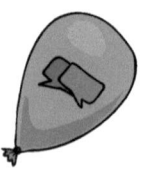

ballon
blaðra

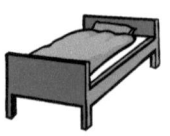

lit
rúm

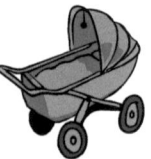

poussette
barnavagn

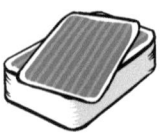

jeu de cartes
spilastokkur

puzzle
púsluspil

SUPER
MEGA

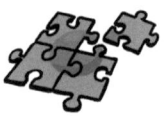

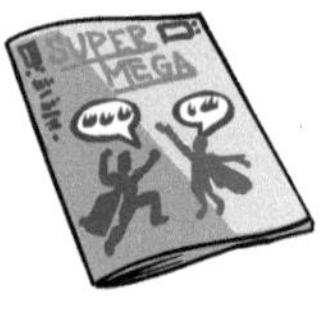

bande dessinée
myndasaga

pièces lego

legókubbar

blocs de construction

leikfangakubbar

figurine

leikfangakall

grenouillère

samfestingur

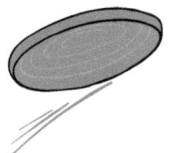

frisbee

Frisbídiskur

mobile

órói

jeu de société

spilaborð

dé

teningar

train miniature

lestarlíkan

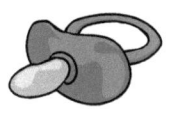

sucette

snuð

fête

veisla

livre d'images

myndabók

balle

bolti

poupée

brúða

jouer

spila

bac à sable

sandkassi

balançoire

sveifla

jouets

leikföng

console de jeu

leikjatölva

tricycle

þríhjól

ours en peluche

bangsi

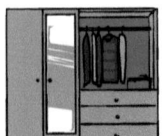

armoire

fataskápur

vêtements

föt

chaussettes

sokkar

bas

kvensokkabuxur

collant

sokkabuxur

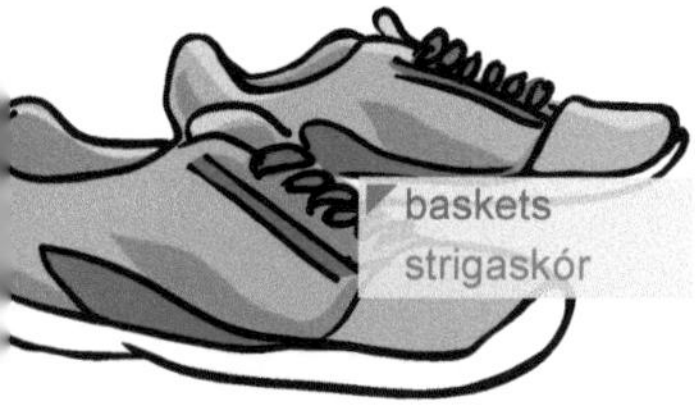

écharpe
trefill

ceinture
belti

parapluie
regnhlíf

t-shirt
stuttermabolur

baskets
strigaskór

bottes
skór

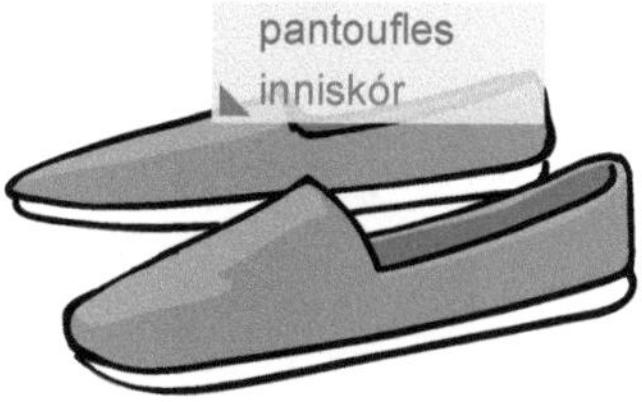

pantoufles
inniskór

sandales
....
sandalar

chaussures
....
skór

bottes de caoutchouc
....
gúmmístígvél

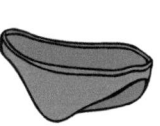
sous-vêtements
....
nærbuxur

soutien-gorge
....
brjóstahaldari

maillot de corps
....
vesti

vêtements - föt

body

samfella

pantalon

buxur

jean

gallabuxur

jupe

pils

chemisier

blússa

chemise

skyrta

pull

peysa

sweat à capuche

hettupeysa

veste

jakki

veste

jakki

manteau

frakki

imperméable

regnfrakki

costume

dragt

robe

kjóll

robe de mariée

brúðarkjóll

costume

jakkaföt

chemise de nuit

náttkjóll

pyjama

náttföt

sari

Sari

foulard

höfuðslæða

turban

túrban

burqa

búrka

caftan

kaftan

abaya

abaya

maillot de bain

sundföt

maillot de bain

sundbuxur

short

stuttbuxur

tenue d'entraînement

íþróttagalli

tablier

svunta

gants

hanskar

bouton

hnappur

lunettes

gleraugu

bracelet

armband

collier

hálsmen

bague

hringur

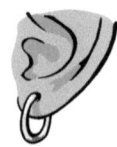

boucle d'oreille

eyrnalokkur

bonnet

húfa

cintre

herðatré

chapeau

hattur

cravate

bindi

fermeture éclair

rennilás

casque

hjálmur

bretelles

axlabönd

uniforme scolaire

skólabúningur

uniforme

einkennisbúningur

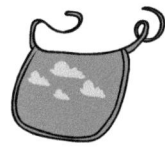

bavoir

smekkur

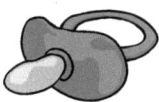

sucette

snuð

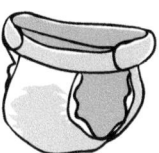

lange

bleyja

bureau
skrifstofa

serveur
netþjónn
armoire d'archivage
skjalaskápur
imprimante
prentari
écran
skjár
papier
pappír
bureau
skrifborð
souris
mús
classeur
mappa
clavier
lyklaborð
corbeille à papier
ruslakarfa
ordinateur
tölva
chaise
stóll

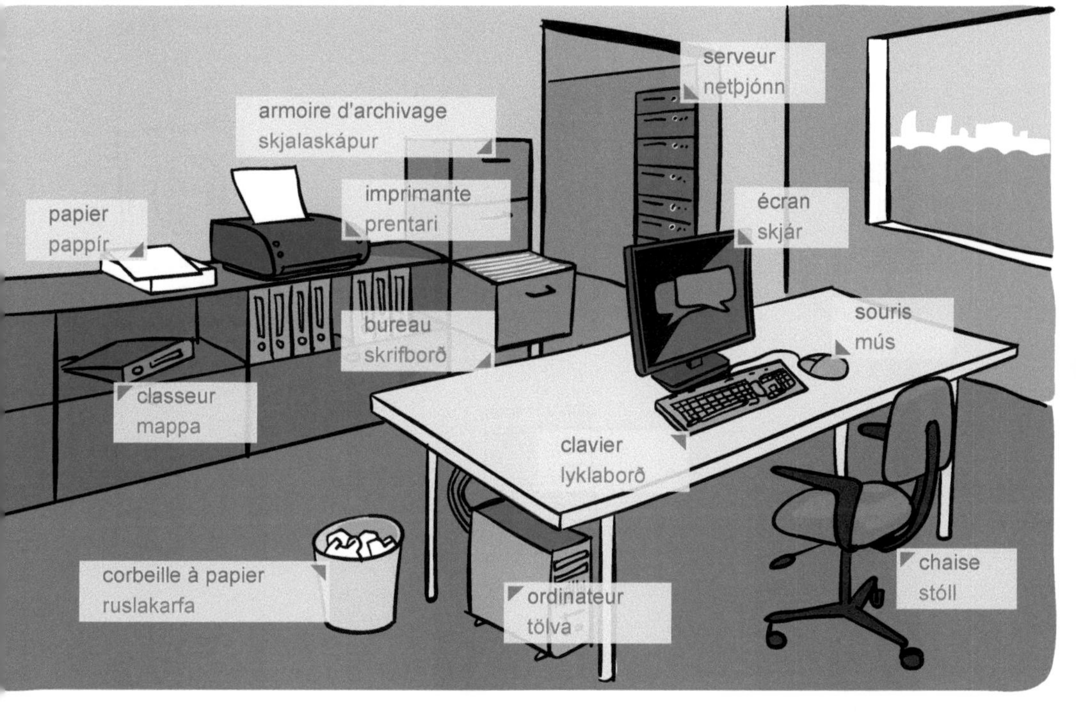

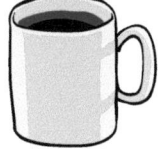

tasse de café

kaffibolli

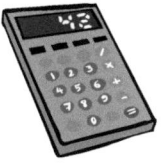

calculatrice

reiknivél

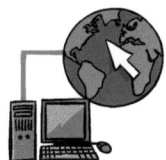

internet

internet

ordinateur portable

fartölva

lettre

bréf

message

skilaboð

portable

farsími

réseau

net

photocopieuse

ljósritunarvél

logiciel

hugbúnaður

téléphone

sími

prise

innstunga

fax

faxtæki

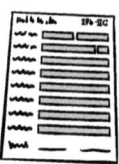

formulaire

eyðublað

document

skjal

acheter

kaupa

payer

borga

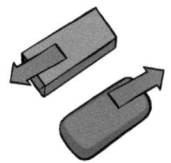

faire du commerce

versla

monnaie

peningar

 USD

dollar

dollari

 EUR

euro

evra

 JPY

yen

jen

 RUB

rouble

rúbla

 CHF

franc suisse

svissneskur franki

 CNY

renminbi yuan

renminbi yuan

 INR

roupie

rúpíur

distributeur automatique

hraðbanki

bureau de change

gjaldeyrisskipti

or

gull

argent

silfur

pétrole

olía

énergie

orka

prix

verð

contrat

samningur

taxe

skattur

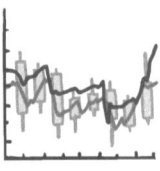

action

hlutabréf

travailler

vinna

employé

starfsmaður

employeur

vinnuveitandi

usine

verksmiðja

magasin

búð

professions
starfsgreinar

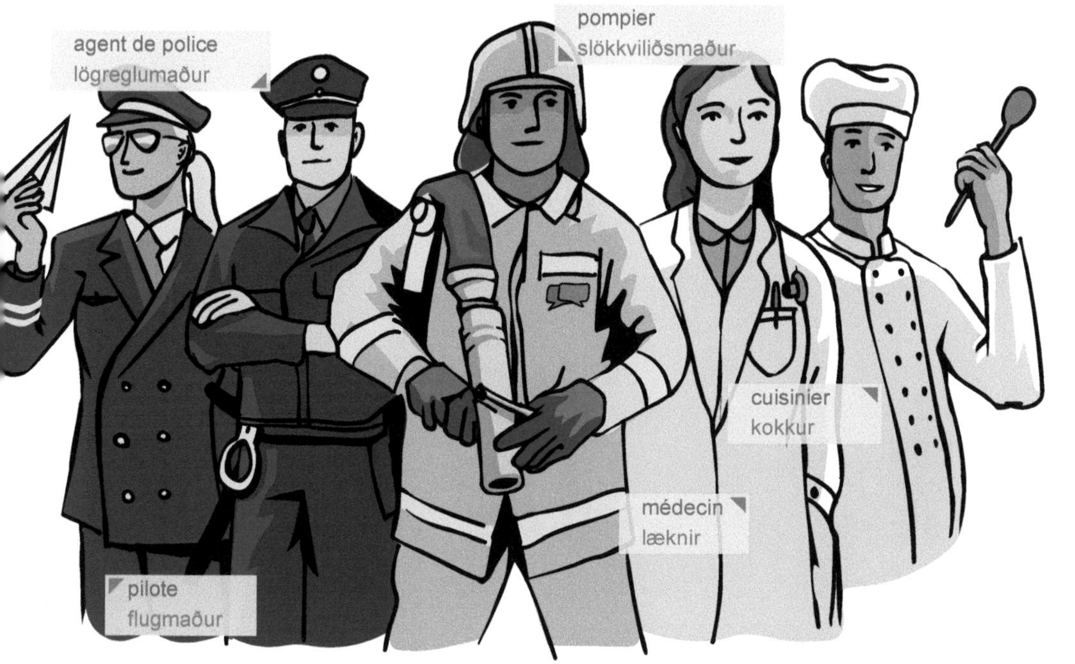
agent de police
lögreglumaður
pompier
slökkviliðsmaður
cuisinier
kokkur
médecin
læknir
pilote
flugmaður

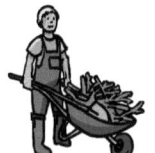

jardinier

garðyrkjumaður

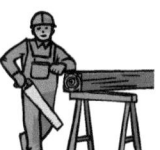

menuisier

smiður

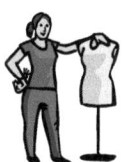

couturière

saumakona

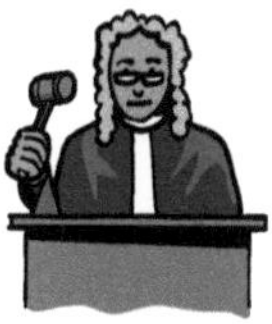

juge

dómari

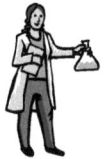

chimiste

lyfjafræðingur

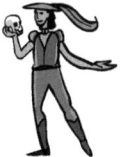

acteur

leikari

conducteur de bus

strætóbílstjóri

chauffeur de taxi

leigubílstjóri

pêcheur

sjómaður

femme de ménage

ræstitæknir

couvreur

þaksmiður

serveur

þjónn

chasseur

veiðimaður

peintre

málari

boulanger

bakari

électricien

rafvirki

ouvrier

byggingaverkamaður

ingénieur

verkfræðingur

boucher

slátrari

plombier

pípari

facteur

póstmaður

soldat
hermaður

architecte
arkitekt

caissier
gjaldkeri

fleuriste
blómasali

coiffeur
hárgreiðslumaður

contrôleur
lestarstjóri

mécanicien
vélvirki

capitaine
skipstjóri

dentiste
tannlæknir

scientifique
vísindamaður

rabbin
rabbíi

imam
Imam

moine
munkur

prêtre
prestur

outils
verkfæri

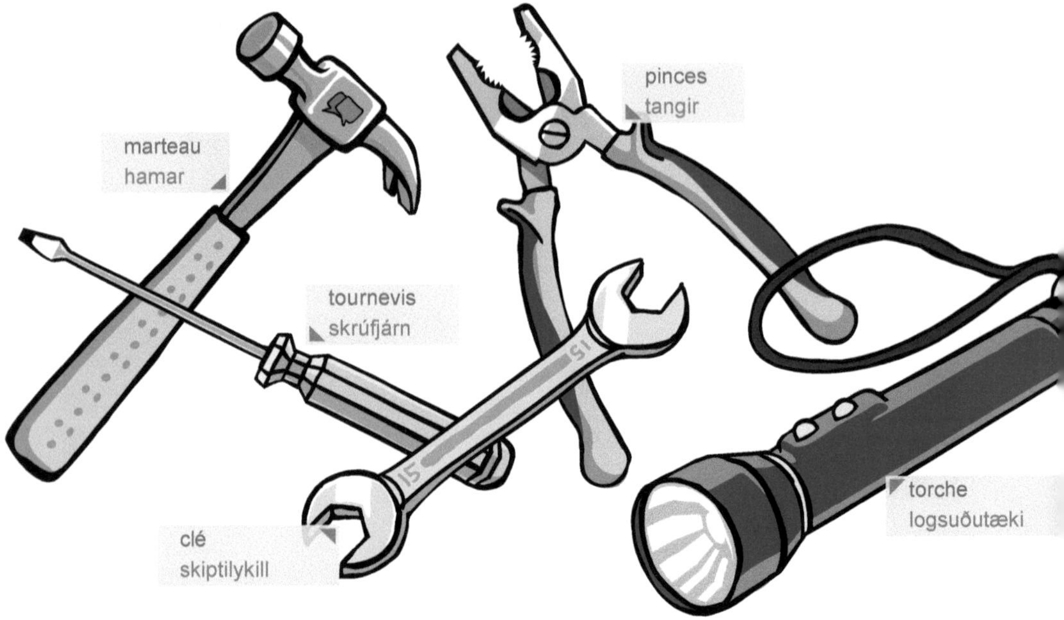

marteau
hamar
pinces
tangir
tournevis
skrúfjárn
clé
skiptilykill
torche
logsuðutæki

pelleteuse

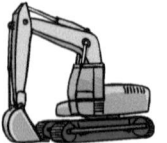

grafa

boîte à outils

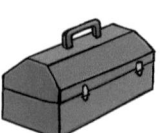

verkfærataska

échelle

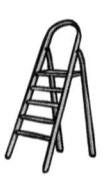

stigi

scie

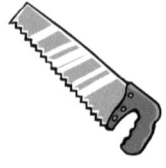

sög

clous

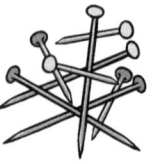

naglar

perceuse

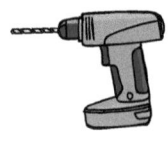

bor

réparer
gera við

pelle
skófla

Mince !
Fjandinn!

pelle
fægiskófla

pot de peinture
málningarfata

vis
skrúfur

instruments de musique
hljóðfæri

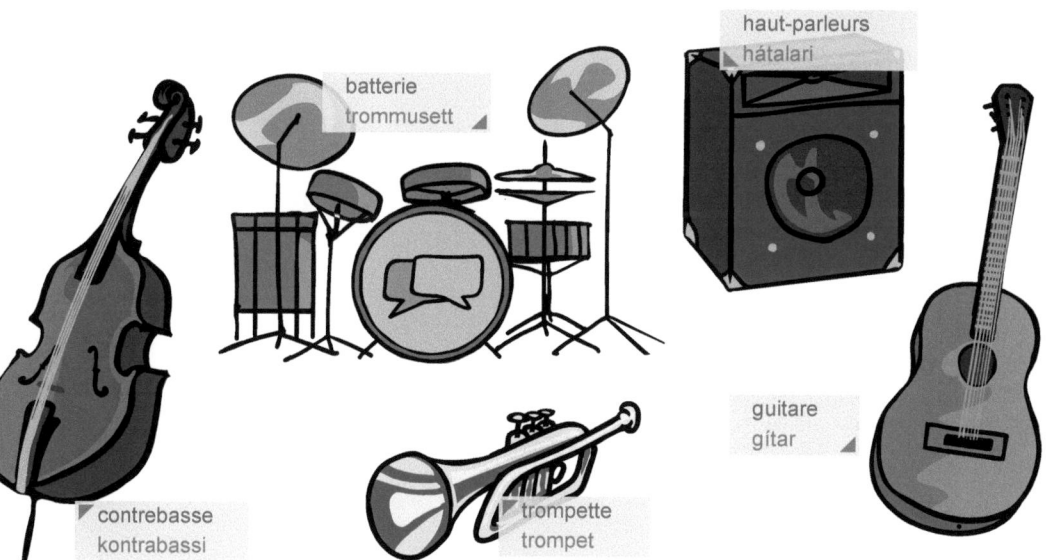

haut-parleurs
hátalari

batterie
trommusett

guitare
gítar

contrebasse
kontrabassi

trompette
trompet

piano

píanó

violon

fiðla

basse

bassi

timbales

pákur

tambour

trommur

piano électrique

hljómborð

saxophone

saxófónn

flûte

flauta

microphone

hljóðnemi

zoo
dýragarður

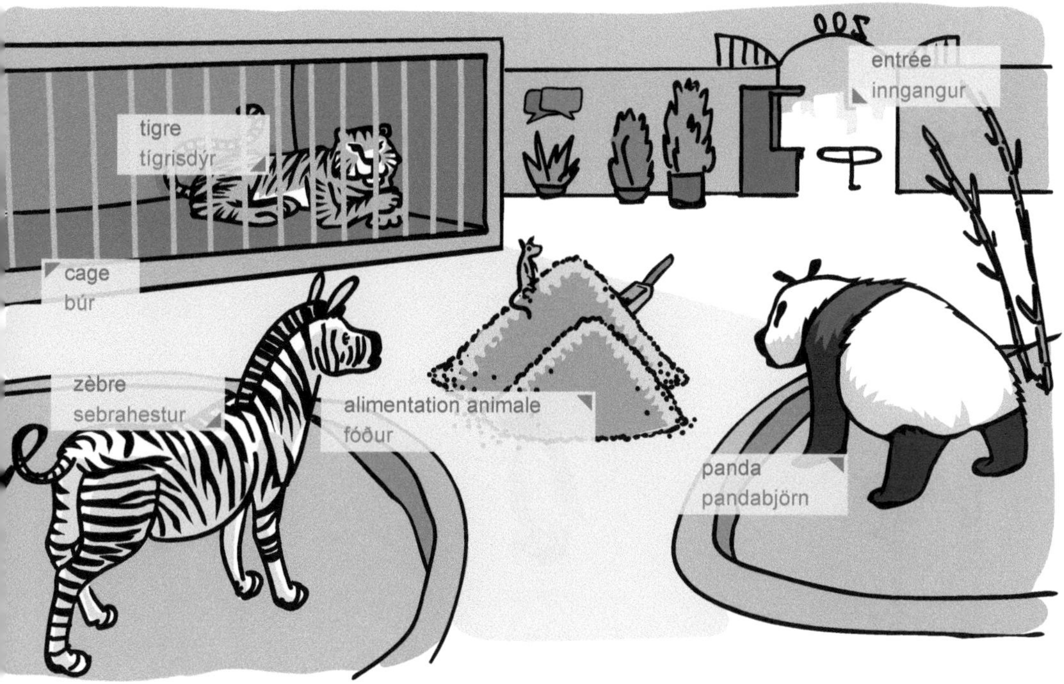
tigre
tígrisdýr
cage
búr
zèbre
sebrahestur
alimentation animale
fóður
entrée
inngangur
panda
pandabjörn

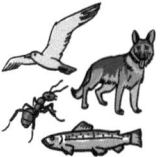

animaux
dýr

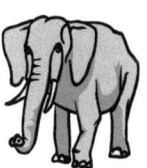

éléphant
fíll

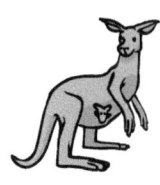

kangourou
kengúra

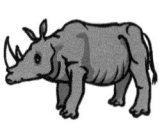

rhinocéros
nashyrningur

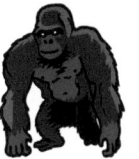

gorille
górilla

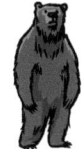

ours
skógarbjörn

chameau

úlfaldi

autruche

strútur

lion

ljón

singe

api

flamand rose

flamingó

perroquet

páfagaukur

ours polaire

ísbjörn

pingouin

mörgæs

requin

hákarl

paon

páfugl

serpent

snákur

crocodile

krókódíll

gardien de zoo

dýragarðsvörður

phoque

selur

jaguar

jagúar

poney

hestur

léopard

hlébarði

hippopotame

flóðhestur

girafe

gíraffi

aigle

örn

sanglier

villisvín

poisson

fiskur

tortue

skjaldbaka

morse

rostungur

renard

refur

gazelle

gasella

american Football
Amerískur fótbolti

cyclisme
hjólreiðar

tennis
tennis

basket-ball
körfubolti

natation
sund

boxe
hnefaleikar

hockey sur glace
íshokkí

football
fótbolti

badminton
hnit

athlétisme
frjálsar íþróttir

handball
handbolti

ski
skíði

polo
póló

activités
athafnir

rire
hlæja
sauter
hoppa
embrasser
faðma
marcher
ganga
chanter
syngja
rêver
dreyma
prier
biðja
faire la bise
kyssa

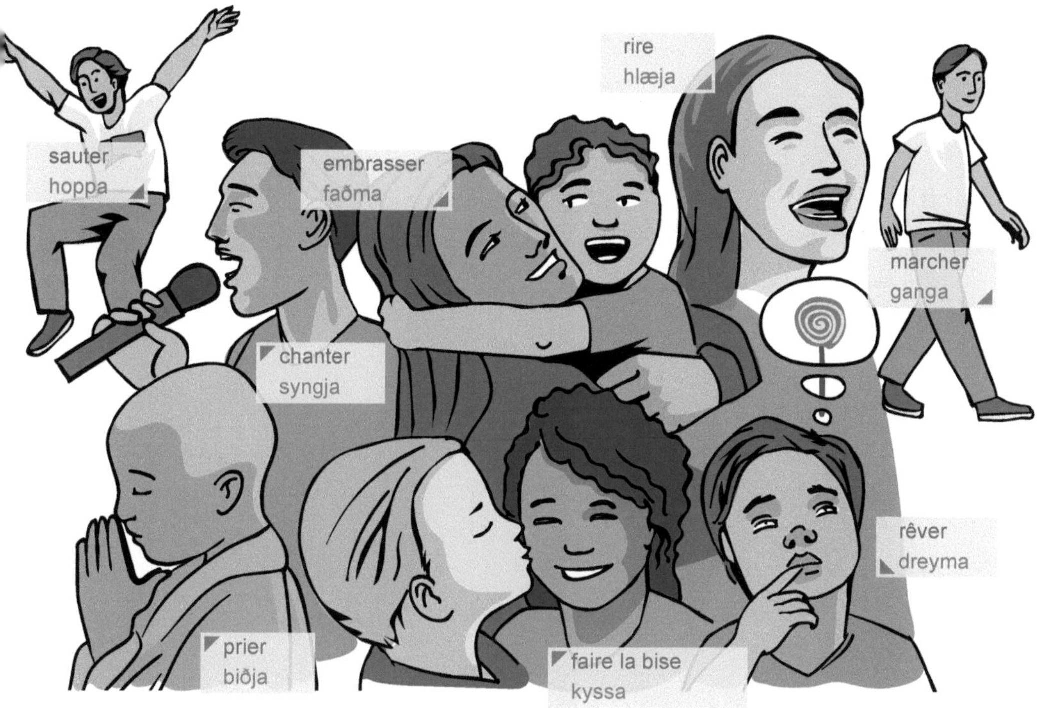

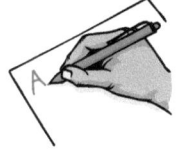

écrire

skrifa

dessiner

teikna

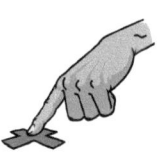

montrer

sýna

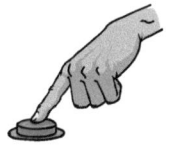

pousser

ýta

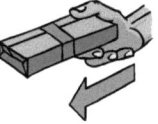

donner

gefa

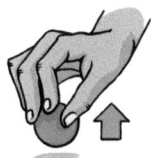

prendre

taka

avoir
hafa

faire
gera

être
vera

être debout
standa

courir
hlaupa

trier
draga

jeter
kasta

tomber
detta

être couché
ljúga

attendre
bíða

porter
bera

être assis
sitja

s'habiller
klæða sig

dormir
sofa

se réveiller
vakna

regarder

líta á

pleurer

gráta

caresser

strjúka

peigner

greiða

parler

tala

comprendre

skilja

demander

spyrja

écouter

hlusta

boire

drekka

manger

borða

ranger

taka til

aimer

elska

cuire

elda

conduire

keyra

voler

fljúga

faire de la voile

sigla

calculer

reikna

lire

lesa

apprendre

læra

travailler

vinna

se marier

giftast

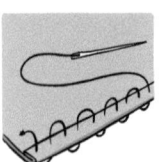

coudre

sauma

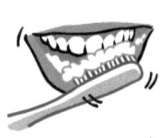

brosser les dents

bursta tennur

tuer

drepa

fumer

reykja

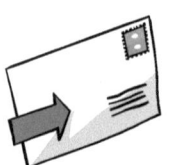

envoyer

senda

famille
fjölskylda

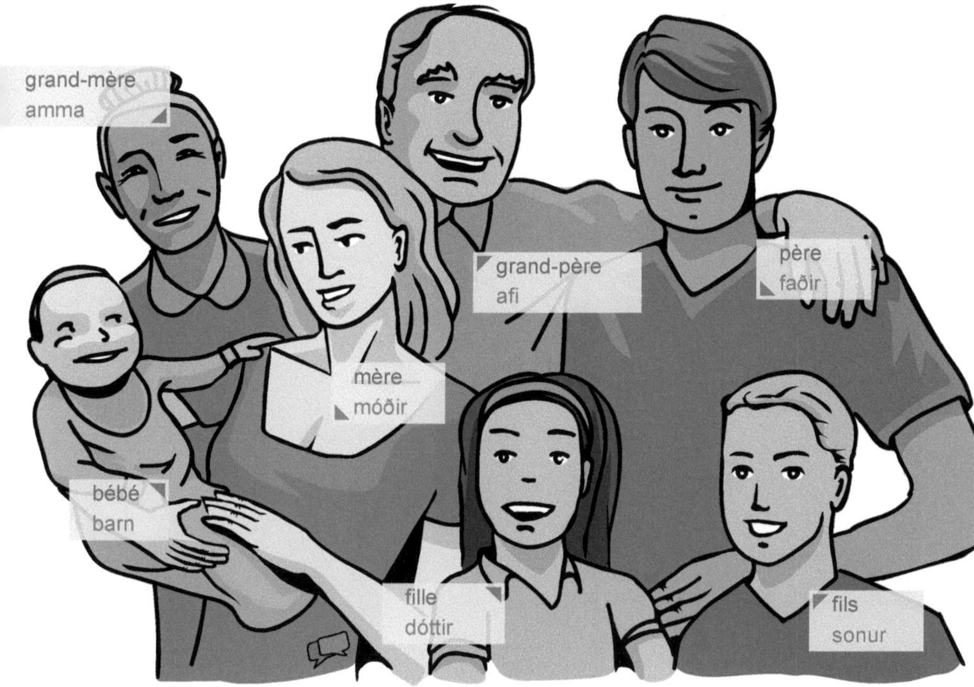
grand-mère
amma
grand-père
afi
père
faðir
mère
móðir
bébé
barn
fille
dóttir
fils
sonur

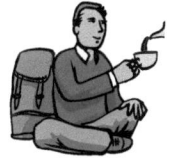

hôte

gestur

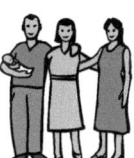

tante

frænka

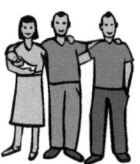

oncle

frændi

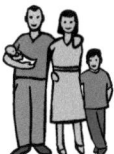

frère

bróðir

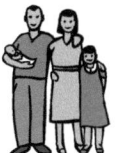

sœur

systir

corps
líkami

front
enni
œil
auga
visage
andlit
menton
haka
poitrine
brjóst
doigt
fingur
main
hönd
bras
handleggur
épaule
öxl
jambe
fótleggur

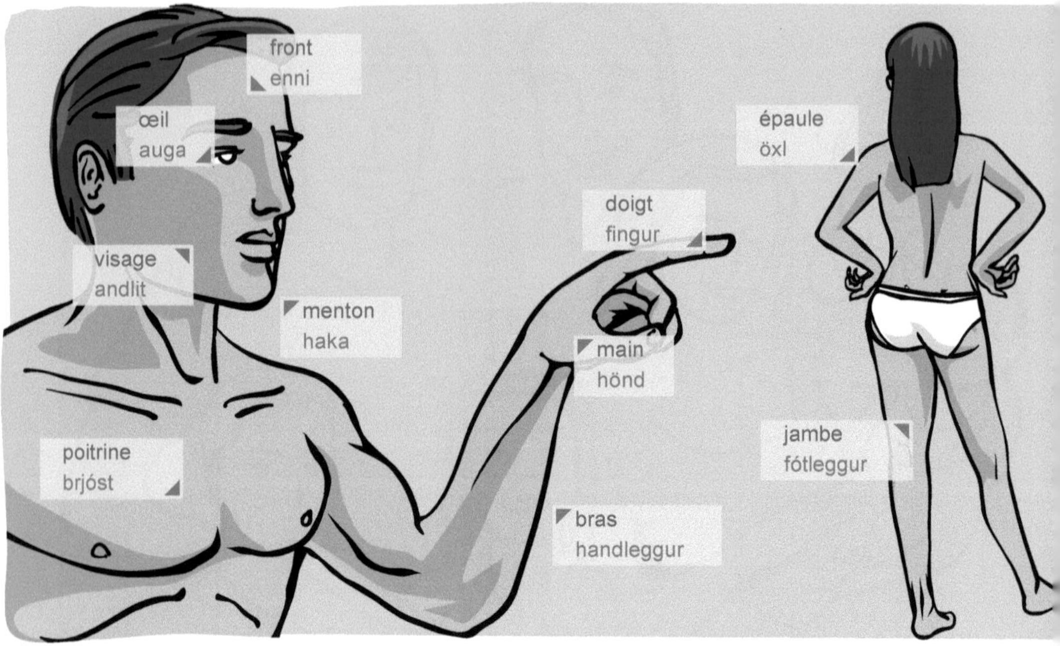

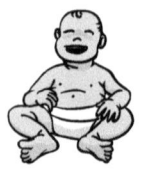

bébé

barn

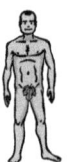

homme

maður

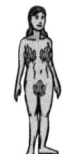

femme

kona

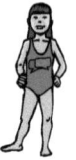

fille

stúlka

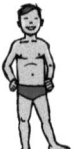

garçon

drengur

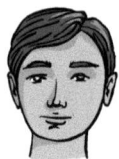

tête

höfuð

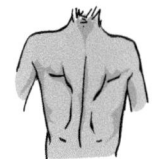

dos

bak

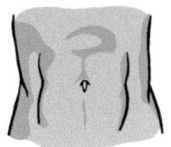

ventre

kviður

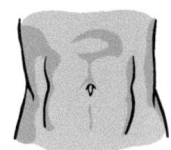

nombril

nafli

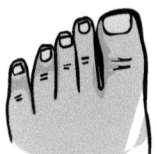

orteil

tá

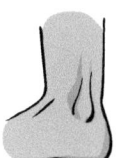

talon

hæll

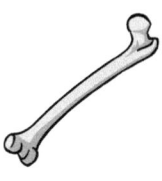

os

bein

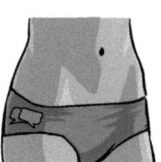

hanche

mjöðm

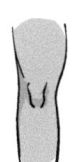

genou

hné

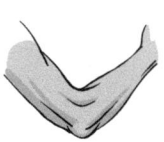

coude

olnbogi

nez

nef

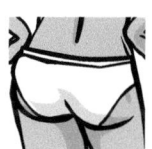

fesses

rass

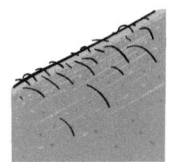

peau

húð

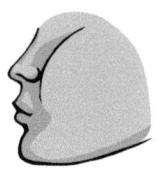

joue

kinn

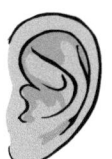

oreille

eyra

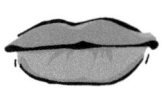

lèvre

vör

corps - líkami

bouche

munnur

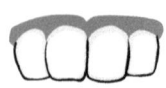

dent

tönn

langue

tunga

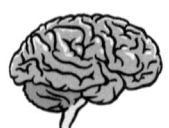

cerveau

heili

cœur

hjarta

muscle

vöðvi

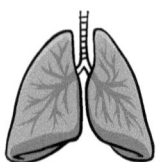

poumons

lunga

foie

lifur

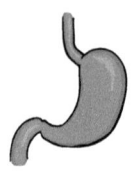

estomac

magi

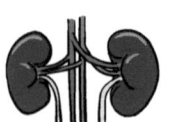

reins

nýru

rapport sexuel

kynmök

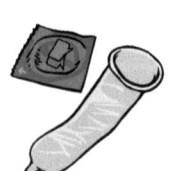

préservatif

smokkur

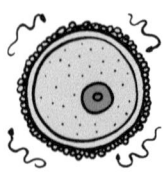

ovule

eggfruma

sperme

sæði

grossesse

ólétta

corps - líkami

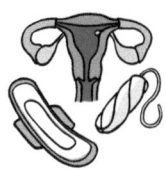

menstruation

tíðir

vagin

leggöng

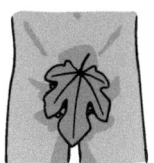

pénis

typpi

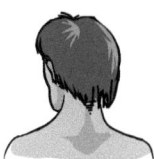

sourcil

augabrún

cheveux

hár

cou

háls

hôpital
sjúkrahús

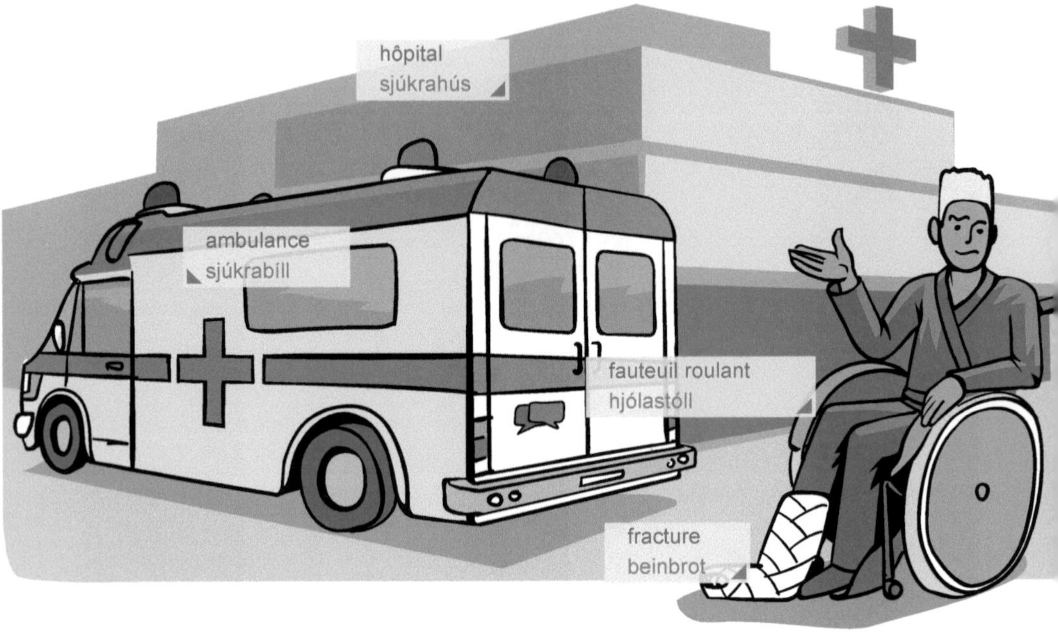

hôpital
sjúkrahús
ambulance
sjúkrabíll
fauteuil roulant
hjólastóll
fracture
beinbrot

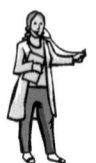

médecin

læknir

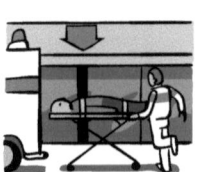

service des urgences

bráðamóttaka

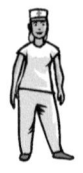

infirmière

hjúkrunarfræðingur

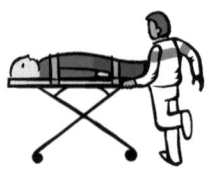

urgence

neyðartilvik

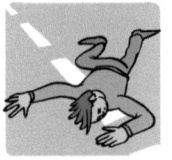

inconscient

meðvitundarlaus

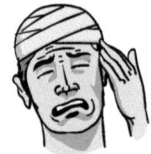

douleur

verkir

blessure

meiðsli

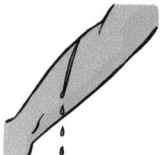

hémorragie

blæðing

crise cardiaque

hjartaáfall

attaque cérébrale

heilablóðfall

allergie

ofnæmi

toux

hósti

fièvre

hiti

grippe

flensa

diarrhée

niðurgangur

mal de tête

höfuðverkur

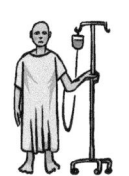

cancer

krabbamein

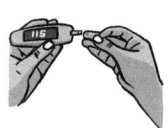

diabète

sykursýki

chirurgien

skurðlæknir

scalpel

skurðhnífur

opération

aðgerð

CT

sneiðmyndataka

radiographie

röntgengeisli

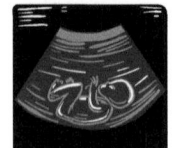

échographie

ómskoðun

masque

andlitsgríma

maladie

sjúkdómur

salle d'attente

biðstofa

béquille

hækja

pansement

gifs

pansement

sáraumbúðir

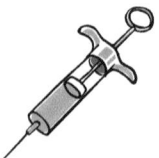

injection

sprauta

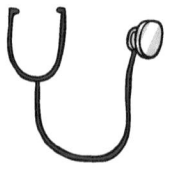

stéthoscope

hlustunarpípa

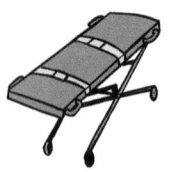

brancard

börur

thermomètre

líkamshitamælir

accouchement

fæðing

surcharge pondérale

yfirvigt

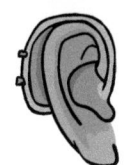

appareil auditif

heyrnartæki

désinfectant

sótthreinsiefni

infection

sýking

virus

veira

VIH / sida

HIV / AIDS

médicament

lyf

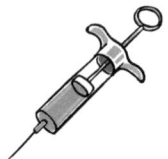

vaccination

bólusetning

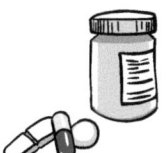

comprimés

töflur

pilule

pilla

appel d'urgence

neyðarsímtal

tensiomètre

blóðþrýstingsmælir

malade / sain

lasinn / heilbrigður

Au secours !

Hjálp!

alarme

viðvörun

assaut

líkamsárás

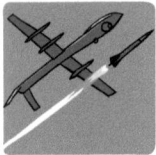

attaque

árás

danger

hætta

sortie de secours

neyðarútgangur

Au feu!

Eldur!

extincteur

slökkvitæki

accident

slys

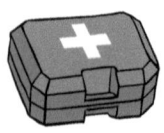

trousse de premier secours

skyndihjálparbúnaður

SOS

SOS

police

lögregla

Europe

Evrópa

Amérique du Nord

Norður-Ameríka

Amérique du Sud

Suður-Ameríka

Afrique

Afríka

Asie

Asía

Australie

Ástralía

Océan atlantique

Atlantshaf

Océan pacifique

Kyrrahaf

Océan indien

Indlandshaf

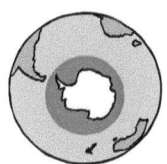

Océan antarctique

Suður-Íshaf

Océan arctique

Norður-Íshaf

pôle nord

Norðurpóll

pôle sud

Suðurpóll

Antarctique

Suðurskautslandið

terre

Jörð

pays

land

mer

sjór

île

eyja

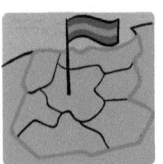

nation

þjóð

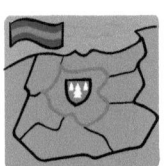

état

ríki

cadran

klukkuskífa

aiguille des heures

litli vísir

aiguille des minutes

stóri vísir

aiguille des secondes

sekúnduvísir

Quelle heure est-il ?

Hvað er klukkan?

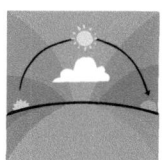

jour

dagur

temps

tími

maintenant

nú

montre digitale

tölvuúr

minute

mínúta

heure

klukkustund

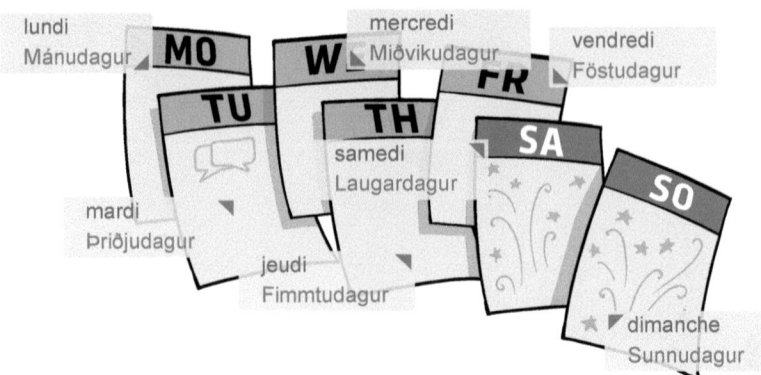

lundi
Mánudagur

mercredi
Miðvikudagur

vendredi
Föstudagur

mardi
Þriðjudagur

samedi
Laugardagur

jeudi
Fimmtudagur

dimanche
Sunnudagur

hier
í gær

aujourd'hui
í dag

demain
á morgun

matin
morgunn

midi
hádegi

soir
kvöld

MO	TU	WE	TH	FR	SA	SU
1	2	3	4	5	6	7
8	9	10	11	12	13	14
15	16	17	18	19	20	21
22	23	24	25	26	27	28
29	30	31	1	2	3	4

jours ouvrables
virkir dagar

MO	TU	WE	TH	FR	SA	SU
1	2	3	4	5	6	7
8	9	10	11	12	13	14
15	16	17	18	19	20	21
22	23	24	25	26	27	28
29	30	31	1	2	3	4

week-end
helgi

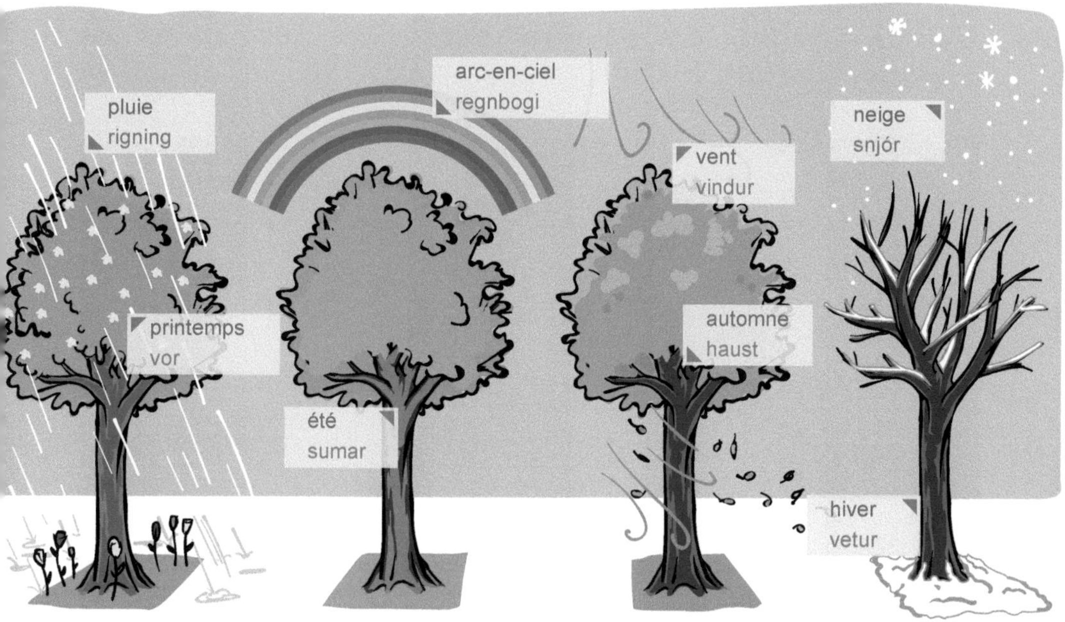

pluie
rigning
arc-en-ciel
regnbogi
vent
vindur
neige
snjór
printemps
vor
automne
haust
été
sumar
hiver
vetur

4.APRIL 11°
5.APRIL 4°
6.APRIL 13°
7.APRIL 8°
8.APRIL 10°

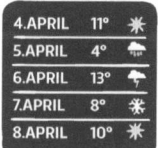

météo

veðurspá

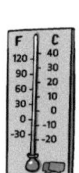

thermomètre

hitamælir

lumière du soleil

sólskin

nuage

ský

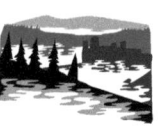

brouillard

þoka

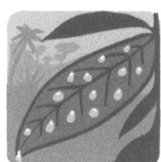

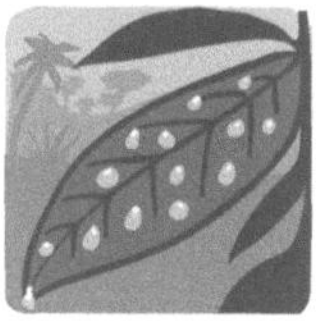

humidité

raki

foudre

eldingar

tonnerre

þrumuveður

tempête

stormur

grêle

haglél

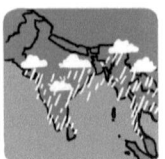

mousson

monsún

inondation

flóð

glace

ís

janvier

Janúar

février

Febrúar

mars

Mars

avril

Apríl

mai

Maí

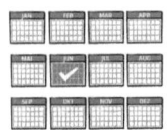

juin

Júní

juillet

Júlí

août

Ágúst

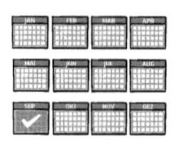

septembre
....
September

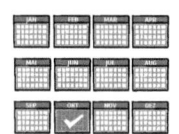

octobre
....
Október

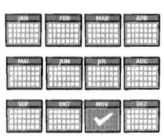

novembre
....
Nóvember

décembre
....
Desember

cercle
....
hringur

carré
....
ferningur

rectangle
....
rétthyrningur

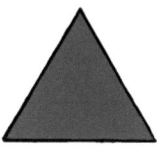

triangle
....
þríhyrningur

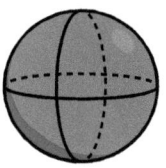

sphère
....
kúla

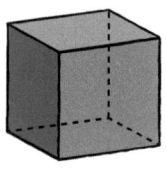

cube
....
teningur

blanc

hvítur

jaune

gulur

orange

appelsínugulur

rose

bleikur

rouge

rauður

violet

fjólublár

bleu

blár

vert

grænn

marron

brúnn

gris

grár

noir

svartur

beaucoup / peu

mikið / lítið

fâché / calme

reiður / rólegur

joli / laid

fallegur / ljótur

début / fin

upphaf / endir

grand / petit

stór / lítill

clair / obscure

bjartur / dimmur

frère / soeur

bróðir / systir

propre / sale

hreinn / óhreinn

complet / incomplet

heill / ófullnægjandi

jour / nuit

dagur / nótt

mort / vivant

dauður / lifandi

large / étroit

breiður / mjór

comestible / incomestible

ætur / óætur

méchant / gentil

vondur / góður

excité / ennuyé

spenntur / leiður

gros / mince

feitur / mjór

premier / dernier

fyrstur / síðastur

ami / ennemi

vinur / óvinur

plein / vide

fullur / tómur

dur / souple

harður / mjúkur

lourd / léger

þungur / léttur

faim / soif

svangur / þyrstur

malade / sain

lasinn / heilbrigður

illégal / légal

ólöglegur / löglegur

intelligent / stupide

greindur / heimskur

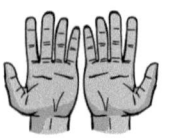

gauche / droite

vinstri / hægri

proche / loin

nálægur / fjarlægur

nouveau / usé

nýr / notaður

rien / quelque chose

ekkert / eitthvað

vieux / jeune

gamall / ungur

marche / arrêt

kveikt / slökkt

ouvert / fermé

opna / loka

faible / fort

Lágvær / hávær

riche / pauvre

ríkur / fátækur

correct / incorrect

rétt / rangt

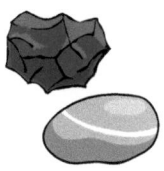

rugueux / lisse

grófur / sléttur

triste / heureux

sorgbitinn / hamingjusamur

court / long

stutt / lengi

lent / rapide

hægt / hratt

mouillé / sec

blautur / þurr

chaud / froid

heitur / kaldur

guerre / paix

stríð / friður

0

zéro
....
núll

1

un / une
....
einn

2

deux
....
tveir

3

trois
....
þrír

4

quatre
....
fjórir

5

cinq
....
fimm

6

six
....
sex

7

sept
....
sjö

8

huit
....
átta

9

neuf
....
níu

10

dix
....
tíu

11

onze
....
ellefu

12

douze

tólf

13

treize

þrettán

14

quatorze

fjórtán

15

quinze

fimmtán

16

seize

sextán

17

dix-sept

sautján

18

dix-huit

átján

19

dix-neuf

nítján

20

vingt

tuttugu

100

cent

hundrað

1.000

mille

þúsund

1.000.000

million

milljón

anglais

Enska

anglais américain

Amerísk enska

chinois mandarin

Mandarin-kínverska

hindi

Hindí

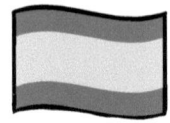

espagnol

Spænska

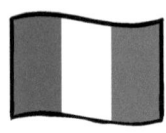

français

Franska

arabe

Arabíska

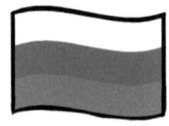

russe

Rússneska

portugais

Portúgalska

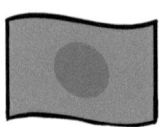

bengali

Bengali

allemand

Þýska

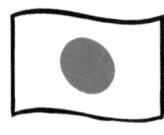

japonais

Japanska

je

ég

tu

þú

il / elle / ce, c', cela

hann / hún / það

nous

við

vous

þú

ils / elles

þeir

Qui ?

hver?

Quoi ?

hvað?

Comment ?

hvernig?

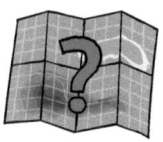

Où ?

hvar?

Quand ?

hvenær?

nom

nafn

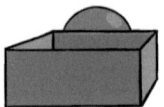

derrière

bakvið

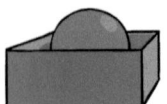

dans

í

devant

fyrir framan

au-dessus

yfir

sur

á

en-dessous

undir

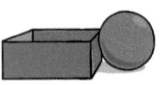

à côté de

við hliðina

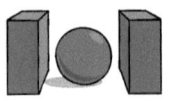

entre

milli

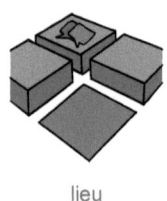

lieu

sæti